Berichte und aktuelle Fotos von Erscheinungen als Beweis für ein Leben nach dem Tod

GERTRUD JEKELIUS

Berichte und aktuelle Fotos von Erscheinungen als Beweis für ein Leben nach dem Tod

karin fischer verlag

Berichte
und aktuelle Fotos
von Erscheinungen als Beweis
für ein Leben
nach dem Tod

In meinem Buch MERKWÜRDIGE EREIGNISSE, erschienen im Karin Fischer Verlag, habe ich die Fernsehsendungen von Uri Geller bereits erwähnt. Einige Millionen Menschen haben die beeindruckenden Shows mit Uri Geller gesehen und erfahren, dass es nicht nur das auf dieser Erde gibt, was man mit den fünf Sinnen wahrnehmen kann. Vincent Raven, der mit dem Jenseits Kontakt aufnehmen konnte, hatte uns in einer Sendung mitgeteilt, dass es im Jenseits Lebewesen ohne Materie gibt. Einige davon haben schon einmal im Fleisch auf der Erde gelebt, und einige haben niemals auf der Erde gelebt.

Kurz vor Uri Gellers erster Show war der Mathematiker Harald Frentzen in einer Sendung bei Frank Elstner. Herr Frentzen sagte, dass sich 240 hochgebildete Menschen aus ganz Deutschland zu einem Verein zusammengeschlossen hätten, um den Leuten in Deutschland klarzumachen, dass Hellseher nur Geld abzocken können und nichts anders. Er sagte, dass die meisten Mitglieder dieses Vereins Juristen und Ärzte wären. Ich hatte darauf Herrn Frentzen mein gesamtes Skript mit merkwürdigen Ereignissen geschickt, woraus man erfahren kann, dass Hellseher in der Macht des Satans unschuldigen Menschen Schreckliches antun können. Herr Frentzen wollte mit mir telefonisch sprechen und teilte mir seine Telefonnummer und die Anrufzeit mit. Als ich anrief, wurde der Anrufbeantworter eingeschaltet, aber gesagt wurde nichts. Sein Verhalten steht nicht für die Aufklärung der Leute in Deutschland über die Hellseher, eher für das Gegenteil. Es ist auch unverständlich, dass sich 240 Hochgebildete über ganz Deutschland verteilt zu einem Verein zusammenfinden können.

Nach der letzten Show mit Uri Geller gab es zwei Sendungen im Fernsehen, in denen deutsche Herren, die sich Wissenschaftler nannten, den Menschen klarmachen wollten, dass all das, was Uri Geller gezeigt hatte, nur Tricks waren. Diese Wissenschaftler gehören bestimmt auch zu den 240 Hochgebildeten, von denen Herr Frentzen gesprochen hat. Dass sich diese Herren so bemühen, die Menschen zu verblöden, hat einen furchtbaren Hintergrund, und der ist, dass sie die Menschheit in der Macht des Satans beherrschen wollen. Am Ende der zweiten Sendung sagte der Moderator, dass auch er eine Überraschung hätte. Er brachte eine Frau ins Fernsehen, an deren Brustkorb eisenhaltige Gegenstände kleben blieben. Der Moderator fragte den Arzt, der Ehrengast in dieser Sendung war, ob dieses Phänomen auch ein Trick wäre. Ungern gab der Arzt zu, dass es ein Wunder sei. Der Moderator sagte: »Also ist es doch wahr, dass es auch unerklärbare Wunder auf unserer Erde gibt.« Nach dieser Sendung wollte ich auch ausprobieren, ob Besteck an mir kleben bleibt. Messer, Gabeln und Löffel blieben auch an mir kleben. Die Anziehungskraft war so groß, dass mir das Besteck regelrecht aus der Hand gerissen wurde und am Brustkorb kleben blieb. Dies ist ein Beweis dafür, dass ein Magnetfeld, also eine Kraft, dort vorhanden ist. Nach dieser Feststellung erinnerte ich mich an meinen Musiklehrer, als ich in der sechsten Klasse war. Er konnte hypnotisieren, und wir hatten ihn gebeten, uns das einmal vorzuführen. Er war gleich dazu bereit. Wir waren dreißig Mädchen in der Klasse. Der Lehrer hatte uns gesagt, dass wir die Hände falten sollen, damit er sechs Mädchen auswählt, die dazu am besten geeignet sind. 29 Mädchen konnten die Hände nicht mehr auseinandernehmen. Ich allein konnte es. Der Lehrer sagte mir: »Dich kann niemand hypnotisieren. In dir ist eine große Kraft, die es nicht zulässt. So etwas habe ich noch nicht erlebt.«

Uri Geller besitzt eine enorme Energie, die er über das Fernsehen den Zuschauern gegeben hat, welche gemäß seiner Anweisung die Hände auf den Bildschirm gelegt hatten. Ich habe die Energie von Uri Geller in Form eines elektrischen Stromflusses in meinen Händen und Armen gespürt. Von wo Uri Geller diese Energie hat, und wie er sie weitergeben kann, ist mir klar. Er hat sie von Gott bekommen und kann sie den Menschen weitergeben, denen Gott es erlaubt, sie zu bekommen. Ein böser Mensch kann diesen Energiefluss von Uri Geller bestimmt nicht bekommen. Uri Geller hat seine Macht niemals für Bosheiten gebraucht. Er wurde in seiner Kindheit von einer Lichtkugel umhüllt und lag danach einige Zeit ohnmächtig am Boden. Es gibt Menschen, die das gesehen und bezeugt haben. Nach diesem Ereignis bemerkte er, dass er Löffel verbiegen und Uhren umstellen kann. Mit Hilfe der Energie, die Uri Geller über das Fernsehen gegeben hatte, konnte ich auch Löffel und Gabeln verbiegen. Diese Energie dauerte nicht ewig, sie wurde schwächer und blieb danach ganz weg. Ich wollte feststellen, ob ich diese Energie auch außerhalb meiner Wohnung habe. Ich versuchte Löffel im Garten zu verbiegen und im Wald. Es funktionierte auch hier. Wie dies alles funktioniert, kann man mit dem Verstand nicht begreifen. Die Superlative von Unerklärbarem, was von Uri Geller kommt, ist seine DVD, die ich im Fachhandel gekauft habe. Es ist äußerst merkwürdig, dass die Farbenspiele auf der DVD bei jeder Benutzung anders erscheinen. Einmal habe ich eine enorm große Energie von Uri Geller über diese DVD bekommen. Als ich meine Hand auf seine legte und spürte, dass mein Geist mit seinem Geist verbunden war, erhielt ich Elektroschläge in den Händen und im Unterarm. Meine Hände und Füße wurden glühend heiß. Die Energie war dieses Mal so groß, dass Löffel und Gabeln heiß und weich wurden und sich zu Spiralen drehten oder mit einem Krächzen des Metalls in zwei Stücke zerbrachen – sogar eine große Suppenkelle. Natürlich musste ich mich auf diesen Vorgang auch konzentrieren und die von Uri Geller gelernten Worte sagen: »achad, shtaim, shalosh.« Uri Geller hat diese Energie nicht von Satan, das bezeugen sein edler Gesichtsausdruck und seine demütige Körperhaltung.

Es gibt auch Menschen auf unserer Erde, die mit Satan und seinen Engeln Kontakt haben und in der Kraft Satans auch unglaubliche Dinge tun können. Sie können unschuldige Menschen krank machen oder sie zu bösen und unvernünftigen Taten anleiten. Die Menschen, die dies können, sind die sogenannten Hellseher. Zum ersten Mal habe ich diese satanischen Kräfte bewusst zu spüren bekommen, nachdem drei mit Phänomenen des Übersinnlichen befasste Wissenschaftler in meiner Wohnung waren. In meinem Buch MERKWÜRDIGE EREIGNISSE steht mehr darüber.

Als die vielen Schmerzen, die mir von den Forschern angetan wurden, an Intensität zunahmen, kam ich im April 2008 in die Notaufnahme einer Klinik. Hier fragte mich eine Ärztin, seit wann ich die Schmerzen hätte. Ich sagte ihr, dass ich am 28. August 2007 drei Psi-Forscher in meiner Wohnung hatte und dass es mir seit damals gesundheitlich schlecht ging.

Kurze Zeit nachdem ich ihr dies gesagt hatte, kam der Psychiater, ein Professor, in die Notaufnahme und grinste mich ständig an. Nach einiger Zeit kam er zu mir und sagte mir, dass man sich in der Klinik nicht gut um die Patienten kümmert, er könnte mir aber einen Krankenwagen bestellen, der mich in eine psychiatrische Klinik bringt, wo man sich besser um mich kümmern würde. Er wollte mich überzeugen, dass es in der Psychiatrie genauso gute bildgebende Geräte gibt wie in der Klinik. Er sagte halblaut vor sich hin: »In drei Monaten, spätestens in sechs Monaten ist dann alles überstanden.« Diesen Satz hatte ich erst nach einiger Zeit verstanden, ich sollte aus dem Verkehr gezogen werden. Ich sagte dem Professor, dass ich mit der Psyche niemals Probleme hatte und somit nichts in der Psychiatrie zu suchen habe. Darauf wollte er mich provozieren und erwiderte, dass ich Selbstmordgedanken hätte. Ich sagte darauf: »Wenn ich solche Gedanken gehabt hätte, wäre ich bestimmt nicht aus freien Stücken in die Klinik gekommen.« Dann sagte er, dass ich anderen Patienten Schaden zufügen könnte, ich wäre gefährlich. Auf diesen Unsinn sagte ich gar nichts mehr. Der Professor sagte dann: »Es gibt keine Hellseher, und es ist uns gelungen, Uri Geller als gemeinen Betrüger zu überführen. Wir haben es den Leuten in zwei Fernsehsendungen gezeigt, dass es nur Tricks waren, was Uri Geller gezeigt hat.« Der Professor fragte mich nach meinem Geburtsdatum und nach dem Wochentag und sagte halblaut: »Ich hätte mir denken können, dass sie das weiß.« Danach ging er weg. Aus dem Verhalten des Professors und seinen Worten schließe ich, dass er auch ein Mitglied des Vereins der 240 Hochgebildeten ist und dass er mich von meinem Schreiben her kannte, welches ich Herrn Frentzen geschickt hatte. Aus Frust hatte der Professor in meine Krankenakte die Diagnose »Schizophrenie« geschrieben. Es ist bestimmt noch in keiner Klinik vorgekommen, dass ein Professor zu einem bei der AOK versicherten Patienten gekommen ist, ohne dort gebraucht zu werden. Sein Kommen in die Ambulanz entsprang persönlichem Interesse. Der Professor wollte verhindern, dass jemals ans Licht kommt, dass Hellseher mit satanischen Geistern aus dem Jenseits Schreckliches an unschuldigen Menschen verrichten können. In welchen Abgrund hat sich der Professor mit seinem Verhalten mir gegenüber begeben, aus dem Grunde, weil er eine Wahrheit unterdrücken wollte, die Licht in die Dunkelheit bringt? Er hätte mich aus dem Verkehr gezogen, wenn es ihm gelungen wäre, mich in die Psychiatrie zu bekommen. Da er dies unmissverständlich wollte, muss er ein Ziel gehabt haben, bei dem ich ihm mit meinem Wissen im Weg stand. Er ist bestimmt einer von den 240 Mitgliedern des Vereins, die sich bemühen, dass die Menschen niemals erkennen können, dass es auch noch anderes gibt als das, was wir mit den fünf Sinnen wahrnehmen können.

In den drei Tagen, als ich in der Klinik stationär war, wurde ich mit den modernsten medizinischen Geräten untersucht, und es konnte keine organische Krankheit diagnostiziert werden. Ich habe gewusst, dass alle Schmerzen, die ich hatte und noch habe, durch die Hellseher verursacht wurden. Wenn ich den Rat der bereits erwähnten Psi-Forscher befolgt hätte, nämlich alles zu vergessen, was ich mitbekommen habe, weil ich mit meinem Wissen die Hellseher irritiere, dann wäre es mir gesundheitlich besser gegangen. Auch wenn ich es vergessen möchte, spüre ich, dass eine hohe Macht es mich nicht vergessen lässt. Die hohe Macht, die über allem steht, will es durch mich allen Menschen kundtun, dass es auf dieser Erde Menschen gibt, die in der

Macht des Satans die ganze Menschheit regieren wollen. Der allmächtige Gott, unser Schöpfer, wird es nicht zulassen, dass Satan die Welt regiert. Er wird es in seiner Allmacht regeln, wie er es in 2. Petrus 3, 7–10 angekündigt hat. Den Zeitpunkt für dieses Geschehen hat Gott den Menschen überlassen. Sie können sich entscheiden – für Gott oder für Satan. Die Entscheidung ist von Gott freigestellt.

Im christlichen Europa haben sich in den letzten Jahren viele für Satan entschieden. Solche Satansanhänger sind in allen Funktionen und Bereichen des gesellschaftlichen Lebens tätig.

Über Lokalzeitungen haben die Hellseher um Mitglieder geworben, um eigene Wirkungskreise zu gründen. Solche Wirkungskreise gibt es enorm oft in Deutschland und auch in anderen Ländern Europas. Alle zusammen kann man als satanisch-okkulte Sekte bezeichnen. Was sie mit »Wirkungskreis« bezeichnen, hat im wahrsten Sinne mit Wirkung zu tun. Sie nennen das Schreckliche, welches sie in der Macht Satans einem Menschen antun können, Wirkung. Diese satanisch-okkulte Sekte nimmt an Bosheit zu und zieht immer mehr unvernünftige Menschen an. Es sind nicht nur die Hochgebildeten, sondern auch viele aus allen Bevölkerungsschichten.

Bis jetzt hat auch noch niemand diesen Trend gestoppt. Sie können sich über alle Medien kundtun und unvernünftige Menschen anlocken. In mehreren Zeitungen inserieren sie ihre Schulen als Nr. 1 in Europa, und allein in Deutschland gibt es 53 Schulen. In diesen Schulen werden junge Menschen ausgebildet, um mit Psi-Kräften, also mit Hilfe böser Geister aus dem Jenseits, Schreckliches zu tun. Sie tarnen sich mit Berufen wie Diplomierter Masseur, Diplomierter Heilpraktiker Psi und Diplomierter Psychotherapeut für Menschen und Tiere usw. Ich fand einmal in meiner Zeitungsablage eine unfrankierte Postkarte, auf der Folgendes geschrieben stand: »Wir können jeden in die Knie beugen und sogar auch noch mehr, wenn wir das wollen. Es gibt kein Gesetz, was uns dieses verbietet. Unsere Schulen sind von Bund, Ländern und Kommunen genehmigt. Wir haben unsere eigenen Fernsehsender, fordern nichts vom Staat, und so kann uns niemand nichts verbieten.«

Die satanisch-okkulte Sekte darf nicht mehr ignoriert werden. Da es ein europäisches Problem ist, muss es auch in ganz Europa gelöst werden. Vernünftige Spitzenpolitiker aller europäischen Länder könnten diesen satanischen Trend stoppen. Die Bevölkerung kann es nicht tun, muss aber trotzdem mithelfen. Die Kirchen können es allein durch Gebete nicht schaffen, da sich Satan von Gott nichts befehlen lässt. Allein durch vernünftige Politik kann man es tun, denn die Satanisten sind auch Staatsbürger und somit der Ordnung eines Staates unterworfen. Das Schreckliche, was Satanisten in der Macht Satans unsichtbar tun können, wären schwere Straftaten, wenn sie mit sichtbaren Methoden durchgeführt wären. Kein Mensch, der dies liest, darf so dumm sein zu glauben, dass er durch einen Hellseher auch jemandem etwas Schlechtes zufügen könnte. Wer es tut, bekommt eine sehr hohe Strafe von Gott, für das, was der Hellseher in seinem Auftrag getan hat.

Die Hellseher können unschuldige Menschen verstümmeln, körperliche Krankheiten jeder Art verursachen und zu jeder schmutzigen, asozialen Tat veranlassen. Die Satanisten, die sich Hellseher nennen, bekommen viel Geld von miserablen Menschen, die ihr Können in Anspruch nehmen. Ich beschreibe körperliche Probleme, die sie mir zugefügt haben.

Im März 2003 fühlte ich öfters einen großen Schmerz in meinen Augen, als ob man mit einer Schere hineinschneidet. Den Schmerz fühlte ich in beiden Augen, aber nicht gleichzeitig. Eines Tages sah ich plötzlich doppelt. Ich hatte schon vorher bemerkt, dass die Bindehaut an beiden Augen nicht mehr am Auge angewachsen war, sie war abgetrennt, ich konnte sie mit dem Finger verschieben. Einige Tage, nachdem mein Mann gestorben war, fühlte ich einen heftigen Schmerz im linken Auge. Ich fühlte, dass eine Kraft mein Auge nach links und rechts drehte und dann nach vorne herauszog. Ich ging sofort zum Spiegel und sah, dass mein linkes Auge nach unten schielte. Kein Arzt konnte sich erklären, was da geschehen war. Als ich die Lesebrille zweimal wechseln musste, war mir Folgendes geschehen: Jedes Mal fragte mich der Arzt, woher ich die vielen Narben in den Augen hätte. Beim ersten Mal sagte ich, dass es durch einen Hellseher verursacht wurde. Am Gesichtsausdruck des Arztes merkte ich, was er über mich dachte: »Die Alte spinnt.« Als mir ein weiteres Mal wieder ein Augenarzt diese Frage gestellt hatte, dachte ich, dass es besser ist, wenn ich sage, dass ich nichts darüber weiß. Die Reaktion dieses Arztes war die gleiche wie die des vorigen.

Das Problem mit meinen Augen war nicht das einzige Elend, welches mich damals getroffen hat. Ich hatte auch große Schmerzen in mehreren Muskeln. Ich bemerkte, dass meine Knochen an mehreren Stellen nicht mehr von Muskeln gehalten wurden, und ging zu einem Orthopäden. Der Orthopäde stellte fest, dass die Knochen in Ordnung waren und dass es einige Muskeln gab, die nicht mehr angespannt werden konnten. Der Orthopäde sagte, dass er so etwas noch nie gesehen hätte und sich nicht vorstellen könnte, woher es kommt. Die Schmerzen gaben nach einiger Zeit nach, und ich kam mit den vorhandenen guten Muskeln zurecht. Erst nachdem dann die bereits erwähnten Forscher im August 2007 in meiner Wohnung waren, kamen die Schmerzen in meinen Muskeln wieder, und es kam zur Degenerierung der Muskulatur. Ein Neurologe hatte mich im März 2008 untersucht und konnte keine Diagnose stellen, weil keine Untersuchungen und Analysen auf eine Erkrankung der Muskulatur und der Nerven schließen ließen. Dies war erst der Anfang der schändlichen Aktionen der Hellseher, die bis zum heutigen Tag noch kein Ende gefunden haben. Zu schmutzigen, asozialen Taten wurde mein Mann veranlasst, worüber mehr in meinem Buch MERKWÜRDIGE EREIGNISSE steht.

Es ist sehr notwendig, diese okkulte Art von Verbrechen europaweit wahrzunehmen und zu verbieten.

Ich habe mitbekommen, dass in meiner Stadt die Familie K. in die okkultistische Sekte gegangen ist – in den Wirkungskreis des Hellsehers R. Die Familienmitglieder haben sich in okkultistischen Sitzungen von R. in die Geisterwelt versetzen lassen. Familie K. bekommt oft Besuch von Hellsehern, die dann bei mir im Haus Unglaubliches bewirken können. Ein unerklärliches Phänomen, welches von den Hellsehern hervorgerufen wurde, werde ich beschreiben: Es war schon 8 Uhr abends, als ein dunkelroter Strahl in mein Küchenfenster schien und bis zur Wand reichte, also vier Meter lang war. Man hätte im ersten Moment vermuten können, dass es sich um einen Sonnenstrahl handelte, dann aber bald festgestellt, dass das nicht möglich sein konnte, weil das Fenster nordöstlich ausgerichtet ist. Dieser Lichtstrahl traf mich hinter das rechte Ohr mit einem furchtbaren Schmerz, die Ohrmuschel färbte sich purpurrot und wurde brennend heiß. Die Hellseher können so etwas mit der Hilfe satanischer Kräfte tun. Wenn von Seiten der Politik nichts dagegen getan wird, dann wird es schrecklich auf der Welt werden, weil die Gefahr, die von diesen Hellsehern ausgeht, größer ist als die Gefahr, die von ABC-Waffen ausgeht.

Die Gehässigkeit der Familie K. mir gegenüber gibt es erst, seit sie von R. in die Unterwelt versetzt wurde. Seitdem diese Familie in der okkulten Sekte ist, hat Familie K. am Fenster ihres Wintergartens und an anderen Fenstern mehrere mysteriöse Gegenstände aufgestellt. Jeden Abend hängt sie einen schwarzen Engel für einige Stunden an den linken Fensterflügel ihres Wintergartens und beleuchtet ihn mit einer starken Lampe. Diese Gegenstände, die sie dort hat, sind nicht harmlos!

Es ist klar, dass Hellseher in der Macht des Satans durch böse Geister aus dem Jenseits den gottesgläubigen Menschen körperliche Schäden antun können, aber zur Bosheit und zum Ordinären können sie sie nicht verführen. Die Menschen jedoch, die nicht fest im Glauben an Gott verankert sind, können von Hellsehern zu boshaften und ordinären Menschen gemacht werden, ohne dass sie sich bewusst sind, was sie tun. Der feste Wille, nach den Gesetzen der Ethik zu leben, schützt sie nicht, wenn ein Hellseher auf sie einwirkt.

Als mein Buch MERKWÜRDIGE EREIGNISSE im März 2009 auf der Buchmesse in Leipzig präsentiert wurde, geriet die okkulte Szene in Aufruhr. Jeden Abend wurde im Wintergarten der Familie K.

ein großer schwarzer Engel aufgehangen und stark beleuchtet. Ebenfalls wurden die zwei gleichen Wappen, die im Wintergarten hängen, stark beleuchtet. Diese Prozedur war nicht harmlos, sie konnten damit bei mir lebensbedrohlichen Bluthochdruck hervorrufen. Dies haben sie dann auch sehr oft getan, bei Tag und auch bei Nacht. Da ich normalerweise immer nur niedrigen Blutdruck habe, war dieser Zustand furchtbar unangenehm.

Ich dachte, dass der für unseren Stadtteil zuständige Polizeiposten diese Folterzentrale der Hellseher-Familie K. beseitigen kann. Deswegen hatte ich dort in einer E-Mail um Hilfe gebeten und auch das Skript mit den merkwürdigen Ereignissen geschickt. Niemand reagierte auf mein Schreiben.

Kurze Zeit nach meinem Schreiben an die Polizei sah ich, dass Herr K. aus seinem Auto eine große Tasche holte, die nicht leer war. Es war eine Tasche, so wie sie auch vom Bestattungsdienst zum Transport von Leichen verwendet wird. Nach einigen Minuten sah ich, dass bei der Familie K. eine lebensgroße Puppe in Schwarzwälder Tracht mit Bollenhut stand. An dieser Puppe hing an einem Band eine 30 cm lange Nadel. In einigen Nächten bekam ich es zu spüren, was sie mit der Puppe anstellen konnten. Die Stiche, die sie der Puppe beibrachten, habe ich zu spüren bekommen. Ich hatte diese schrecklichen Qualen der Polizei schriftlich mitgeteilt und um Abhilfe gebeten. Noch am gleichen Tag sah ich, dass das Ehepaar K. die Fensterscheibe mit einer schwarzen Folie überzog, sodass man nicht mehr hineinsehen konnte. Das beweist, dass jemand von der Polizei Kontakt zur okkulten Sekte hat und die Familie darüber benachrichtigt hatte, dass ich die Puppe gesehen hatte. Weil diese Qualen nicht aufhörten, hatte ich beim Polizeiposten angerufen und angefragt, ob sie diese Aktion nicht abstellen könnten, und ihnen gesagt, dass ich bereits vor einigen Tagen wegen meines

Bluthochdrucks um Hilfe gebeten hatte. Der Polizist, mit dem ich sprach, wusste nichts davon, aber er sagte mir, dass er mich mit dem Polizeihauptmann verbinden würde. Ich fragte den Polizeihauptmann, warum die Polizei nichts unternimmt und ob er etwa glaube, dass ich Unwahrheiten aufgeschrieben hätte. Der Polizeihauptmann sagte, dass er mir jedes Wort glauben würde, das ich dort geschrieben habe, denn er wüsste, was dort geschehen sei. Er fragte mich, ob ich auch mit dem Jenseits Kontakt gehabt hätte. Ich sagte: »Nein.« Darauf sagte er, dass die Frage überflüssig wäre, denn er hätte es bestimmt gewusst, wenn ich Kontakt zum Jenseits gehabt hätte. Die merkwürdige Rede des Polizeihauptmanns hatte ich erst einige Wochen später verstanden, als ich vermutete, dass er ein Mitglied der okkulten Sekte aus dem Umfeld von S. ist.

In dieser okkulten Sekte sind auch Jugendliche aus okkulten Familien tätig. Zwei Mädchen aus S., M. und H., gehen täglich mit mehreren fremden Hunden spazieren. Dass die Leute den Mädchen ihre Lieblinge überlassen, ist merkwürdig, ebenso das Motiv, warum sich die Mädchen täglich mit so einer Hundemeute beschäftigen. Diese zwei Mädchen holen fast täglich die zwei Hunde der Familie P. Die Mädchen pflegen einen sehr innigen Kontakt zur Familie P. und auch zu Familie K.

Kurze Zeit nach meinem Telefonat mit dem Polizeihauptmann klingelten die Mädchen M. und H. an unserer Haustüre und sagten frech, dass sie auch mit unserem Entlebucher Sennenhund spazieren gehen möchten. Ich sagte, dass ich den Hund niemandem gebe. Darauf sagte H., dass sie wenigstens die Leine des Hundes berühren möchte. Ich gestattete das auch nicht, und ihr Wunsch kam mir sehr merkwürdig vor. Es ist auch merkwürdig, wie die Mädchen in unseren Garten kommen konnten, weil unsere beiden Tore, wegen unseres freilaufenden

Hundes, zugesperrt waren. Es ist auch sehr merkwürdig, dass der sonst so wachsame Hund nicht auf die Mädchen reagiert hatte. Er blieb auf seinem Lager in der Küche liegen. Auf merkwürdige Weise wurde den Mädchen unser Tor zum Stellplatz geöffnet. Die Mädchen hatten das Tor auch angeweit offen gelassen, weil sie wussten, dass sich das Tor nicht mehr öffnen ließ, nachdem es geschlossen wurde. Am gleichen Tag verschwand die Leine unseres Hundes aus der Garage. Am Tag darauf hing sie wieder an ihrem Platz, war aber in zwei Teile zerschnitten, und die Vordertüre auf der Fahrerseite des Autos war an der Außenkante verbogen. Wenn sie gewollt hätten, hätten sie das Auto öffnen können, so, wie sie auch die Garage geöffnet haben, auf mysteriöse Weise. Die zerschnittene Leine und die verbogene Autotür sollten eine Drohgebärde sein. Man kann es sich nicht vorstellen, wie sie in die verschlossene Garage kommen konnten.

Unvorstellbares, was mit unserem Gartentor geschehen war, hatten wir bereits im Januar 2008 erlebt. Mit dem Tor war Folgendes geschehen:

Eines Tages im Januar 2008 konnte man das Tor nicht mehr aufsperren. Wir verständigten den Schlüsseldienst. Der Handwerker baute das Schloss aus, sah, dass es nicht kaputt war, und baute es wieder ein. Er konnte sich nicht erklären, warum das Schloss blockiert war. Einige Wochen funktionierte das Tor wieder, und dann ließ es sich wieder nicht aufsperren. Der Herr O. vom Schlüsseldienst baute jetzt ein fabrikneues Schloss ein. Nach einiger Zeit ließ sich auch dieses nicht mehr aufsperren. Wir riefen Herrn O. an. Herr O. konnte sich auch nicht vorstellen, wie so etwas geschehen konnte, und teilte uns einen erneuten Termin mit. Zwei Tage vor diesem Termin kam ein netter Herr mit einem Pilotenkoffer und blieb an unserem Zaun stehen. Wir waren im Garten und pflanzten gerade Tomaten. Der Herr sagte zu uns: »Ich gebe euch jetzt wieder die Erlaubnis, durch euer Tor hinauszugehen.« Ich bekam auch gleich den Impuls, dieses zu tun. Dieser Herr hatte unser Schloss beeinflusst, ohne es zu berühren. Er ist bestimmt ein Mitglied aus dem Wirkungskreis des Hellsehers R. Was diese Menschen tun können, ist unglaublich, aber leider auch wahr.

Als das Mädchen H. einige Tage nach dem Ereignis mit unserer Hundeleine allein auf dem Hof der Familie P. war, sah ich, dass es alle Blumentöpfe umgestoßen hatte. Ich ging an den Zaun und wies es wegen dieser Tat zurecht. Es sagte frech, dass mich das nichts angehe, und es würde am Tag darauf mit ihrem Vater kommen, und dann könne ich feststellen, was ihr Vater kann.

Am Tag darauf war die ältere Frau M. bei uns im Garten und sah, dass H. und ein Mann im Hof der Familie P. standen und zu uns hinüberschauten. Frau M. kam zu mir herein und sagte mir Bescheid. Plötzlich sagte sie, dass ihr übel werde. Sie stand zum Glück vor dem Sofa, auf das sie sich auch setzte und ohnmächtig wurde. Da Frau M. normalerweise sehr hohen Blutdruck hat, dachte ich, dass sie einen Schlaganfall bekommen hatte. Ich hatte ihr den Blutdruck gemessen, und der war sehr niedrig: 60/40 mm Hg. Frau M. hatte für einige Minuten einen Kreislaufkollaps bekommen. Auch mein Blutdruck war sehr niedrig, und es ging mir ebenfalls sehr schlecht. Nach einigen Minuten erholten wir uns beide. Wahrscheinlich war das geschehen, was H. am Vortag angekündigt hatte.

Erwähnen muss ich auch das Ereignis aus dem Januar 2010: Ich hatte von unserem Stellplatz den Schnee geräumt. Ich sah, dass Frau K. für kurze Zeit an ihr Fenster kam und danach verschwand. Kurze Zeit darauf kam H. mit einem Hund an der

Leine und mit ihr kam auch der Mann, der im Sommer bei Frau M. einen Kollaps hervorgerufen hatte. Jetzt trug er einen schwarzen Hut mit einer großen Krempe. H. ging mit dem Hund weg, aber der Mann blieb noch einige Zeit auf der gegenüber liegenden Seite von meinem Stellplatz stehen. Als ich, nachdem ich den Schnee geräumt hatte, zu meiner Küchentüre ins Haus gehen wollte, wurde mir plötzlich schwarz vor Augen, und ich fiel um. Ich hatte mir den Hinterkopf sehr stark angeschlagen. Ich kam kurze Zeit später wieder zu Bewusstsein. Eine unsichtbare Kraft hatte mich, wie ich dort lag, auf die Beine gestellt. Ich dachte gleich, dass kein Mensch aus dieser liegenden Stellung so prompt wieder auf die Beine kommen konnte. Die Stelle am Kopf, mit der ich aufgeprallt war, tat mir wahnsinnig weh. Nach wenigen Sekunden war der große Schmerz vorüber, und die angeschlagene Stelle war danach schmerzfrei. So etwas ist normalerweise gar nicht möglich. Ich bin davon überzeugt, dass es mein Schutzengel war, der mir da geholfen hat.

Die okkulte Sekte versucht auch, meinen Sohn kaputtzumachen.

Am Samstag, dem 13. Juni 2009, war mein Sohn auf dem Stellplatz und säuberte sein Auto. Herr K. kam zu meinem Sohn mit dem Nachrichtenblatt aus S. und log, dass der Wind es am Donnerstag aus der Zeitungsablage geweht hätte. Mein Sohn nahm das Blatt aus Höflichkeit an. Durch die Berührung des Blattes war ein Kontakt zu einem potenten Hellseher hergestellt worden. Am Tag darauf sollte mein Sohn eine Torte vom Konditor Blust aus Freiburg holen. Ich bekam einen intensiven Impuls mitzufahren. Als wir in die schmale Romanstraße eingefahren waren bemerkte ich, dass das Auto fast zum Stehen kam. Ich rüttelte meinen Sohn an der Schulter. Mein Sohn sagte, dass er das Bewusstsein verloren hatte. Hinter uns kam der Linienbus aus Bremgarten. Wenn ich nicht mitgefahren wäre, hätte es einen Unfall mit fatalen Folgen geben können.

Einen Monat später, am 13. Juli, als mein Sohn mit dem Hund vom Spaziergang kam, standen H. und M. am Eingang unserer Sackgasse mit nur sechs Häusern und warteten auf meinen Sohn. Als mein Sohn in unsere Straße einbog, riefen die Mädchen, die auf der gegenüberliegenden Straßenseite standen, laut »Hallo!« M. lief auf den Hund zu und drehte sich dann in gebückter Stellung um. Durch diese Provokation erhob sich der Hund auf die Hinterbeine. Da der Hund an der kurzen Leine war, konnte mein Sohn ihn gleich zu sich ziehen und weitergehen. Die zwei Mädchen gingen ohne ein Wort zu sagen hinter meinem Sohn her auf den Hof der Familie P. Wenn der Hund dem Mädchen einen Schaden zugefügt hätte, dann hätten sie bestimmt beide gebrüllt, denn sie hatten erwartet, dass der Hund so reagierte. Mein Sohn erzählte mir dieses Ereignis, als er zu Hause ankam.

Drei Tage nach diesem Ereignis kam M. zu mir, als ich auf unserem Stellplatz beschäftigt war. Frau K. musste ihr mitgeteilt haben, dass ich auf dem Stellplatz beschäftigt war. Frau K. stand am Fenster ihres Schlafzimmers, von wo aus sie den Stellplatz einsehen kann. H. sagte mit großer Frechheit, dass unser Hund M. gebissen hätte. Sie sagte, dass Frau P. nicht zur Ruhe kommen könnte, bevor unser Entlebucher Sennenhund nicht getötet und mein Sohn von der Polizei verhaftet würde. Sie sagte, dass Frau P. eine Anzeige bei der Polizei machen und auch Tierschützer verständigen würde, damit diese unseren Hund einschläfern sollten.

Am 20. Juli hatte mein Sohn ein Schreiben vom Polizeiposten in S. bekommen, welches vom dortigen Polizeihauptmann unterzeichnet war. In diesem Schreiben stand, dass ein Ermittlungsverfahren wegen fahrlässiger Körperverletzung gegen meinen Sohn liefe. Unter mehreren Lügen stand im Schreiben des Hauptmanns auch die Lüge, dass mein Sohn vor unserem Anwesen gestanden hätte und den Hund an einer langen Leine auf die Jugendlichen H. und M. losgelassen hätte, als sie dort vorbeigehen wollten. Es wurde auch unterstellt, dass M. einen gefährlichen Hundebiss erlitten hätte, der im Krankenhaus hätte behandelt werden müssen. Es wurde ferner behauptet, dass die Mädchen bei Frau P. geklingelt hätten, um Hilfe zu holen, weil mein Sohn über den Biss gelacht hätte und ins Haus gegangen wäre. Bei Frau P. haben sie bestimmt nicht geklingelt, denn sie gehen fast täglich auf diesen Hof und benehmen sich miteinander wie gute Bekannte. Dann stand auch noch die Lüge da, dass auch eine Tochter der Frau P. gebissen worden wäre.

Mein Sohn hatte daraufhin an den Polizeihauptmann geschrieben, dass alle Beschuldigungen Lügen seien und dass das Ermittlungsverfahren, welches der Polizeihauptmann führte, einseitig sei, weil dieser niemals Kontakt mit meinem Sohn aufgenommen und auch den Hund niemals in Augenschein genommen hätte.

Kurze Zeit nach der Stellungnahme meines Sohnes zu den Ermittlungen von der Polizei bekam mein Sohn vom Amt für öffentliche Ordnung, Dezernat IV, einen Strafbefehl, der aber von keinem Beamten unterzeichnet war. In diesem Schreiben war ein Konto angegeben, auf das mein Sohn 450,– € überweisen sollte. Die Straftaten, die meinem Sohn zur Last gelegt wurden, waren fahrlässige Körperverletzung durch den Hundebiss und Verletzung der Hundehalterpflicht. In diesem Schreiben waren auch die Namen der Zeugen angeführt, die dieses Vergehen angeblich beobachtet hatten, und der Arzt, der die

Bisswunde behandelt hatte. Die Zeugen waren besagter Polizeihauptmann, Frau P., die Mädchen M. und H. sowie der Arzt Dr. Melchior.

Nach diesem Strafbefehl hatte sich mein Sohn sofort an den Polizeipräsidenten der Stadt gewandt, der dann nach kurzer Zeit einen korrekten Ablauf des Strafverfahrens veranlasst hatte. Gott sei gedankt, dass er ein guter Mensch und ein korrekter Polizist war.

In allen Berufen und Funktionen unserer Gesellschaft gibt es Menschen, die sich wünschen, und dafür auch mit sichtbaren und unsichtbaren Mitteln kämpfen, dass Satan zum Herrscher über die ganze Menschheit wird. Zu diesen Menschen gehören auch einige deutsche Politiker. Wer die Nachrichten verfolgt, kann sie erkennen. Unterstützung bekommen sie durch satanische Journalisten aller Massenmedien. Sie greifen nicht nur unsere korrekte Kanzlerin an, sondern auch andere Staatsoberhäupter.

Satanisten gibt es nicht nur in der Politik und in den Massenmedien, sondern auch in den Kirchen. Es sind dies die Würdenträger einer allseits bekannten und anerkannten Organisation. Sie bemühen sich mit allen Mitteln, die katholische Kirche zu vernichten. Es gibt sicher eine Verbindung zwischen Politikern und kirchlichen Würdenträgern. Im Fernsehen haben wir zweimal so eine enge Beziehung gesehen. Damals sollte die Kanzlerin beschuldigt werden, dass sich Deutschland im Krieg befindet. Auch am ökumenischen Kirchentag war es zu sehen: Als Kardinal Zollitsch eine sinnvolle Predigt gehalten hatte, machten die beiden Verbündeten lange Gesichter. Sie hatten sich bestimmt erhofft, dass sie Kardinal Zollitsch mit den Missbrauchfällen vernichten könnten.

Auf NTV wurde etliche Male ein Dokumentarfilm gezeigt,

der beweisen sollte, dass es keinen Schöpfergott gibt, sondern den Urknall. Was sie da an verschiedenen Lichteffekten zusammengestellt und kommentiert hatten, sie wären mit ihren Beobachtungen bis an das Ende des Universums gelangt, ist nichts anderes als Computeranimation. Alle daran Beteiligten sind satanische Menschen, die die Menschheit verblöden und weismachen wollen, dass es keinen Gott gibt.

Ich beschreibe jetzt auch den Strafprozess, welcher der korrekte Polizeipräsident unserer Stadt veranlasst hatte: Noch vor der Hauptverhandlung hatten der Polizeihauptmann und Frau P. erklärt, dass sie nicht gesehen hatten, was sie meinem Sohn zur Last legten. Bei der Hauptverhandlung lag vom Dezernat IV eine Bescheinigung vor, dass der Hund ihrer Beobachtungen nach nicht mehr als aggressiv eingestuft wäre. Es lag ebenfalls ein tierärztliches Attest vor, dass der Hund ein ausgeglichenes und ruhiges Wesen hat und keine Aggressivität gegenüber anderen Hunden und Menschen gezeigt hatte. M. und ihre Eltern hatten auch zugegeben, dass es keinen Hundebiss gegeben hatte, sondern nur einen Schreck.

Da der Polizeihauptmann und der Arzt Dr. Melchior zur Hauptverhandlung nicht erschienen waren, machte die Richterin den Vorschlag einer gütlichen Einigung, wobei mein Sohn 100,– € als Geschenk an M. zahlen sollte, damit mein Sohn nicht erneut wegen einer weiteren Gerichtsverhandlung an seiner Arbeitsstelle fehlen musste. Nachdem sich M.s Eltern besprochen hatten, kamen sie zu der Überlegung, dass ein echter Hundebiss 450,– € gebracht hätte und der Schreck nur 100,– €. Dass dies ein Strafprozess war, bei dem ihnen kein Geld zustand, haben sie trotz mehrfacher Erklärung der Richterin nicht verstanden. Sie fühlten sich als Gewinner des Prozesses.

All diese Menschen, die meinem Sohn eine Straftat anhängen

wollten, gehören der gleichen okkulten Sekte an. Sie dachten, dass der Polizeihauptmann kraft seiner erhabenen gesellschaftlichen Position dies durchführen könnte. Dieses Verbrechen an meinem Sohn ist zwar von solchen Menschen, die mit dem Satan in Verbindung stehen, durchgeführt worden, aber doch mit sichtbaren Methoden, die von jedem Menschen erkannt werden können. Einige aus der okkulten Szene, die sich Hellseher nennen, können Verbrechen durchführen, die nicht erkannt werden, weil sie durch böse Geister durchgeführt werden. Sie können den Menschen schwere körperliche Schäden antun, ohne dass man die Ursache davon erkennen kann. Sie können den Charakter der Menschen verschmutzen, sodass Betroffene Ehebruch, Hurerei, Unzucht und noch viel mehr betreiben und sich dabei gar nicht schuldig fühlen. Diese okkulten Machenschaften sind mit dem Verstand nicht zu begreifen.

Die freudige Nachricht vom Ausgang des Prozesses war sofort an die Sektenmitglieder gegangen, denn Frau K. hatte jetzt an das Fenster ihres Schlafzimmers zwei silberne, glänzende Scheiben, die wie CDs aussahen, aufgehängt, und die sich bewegen, wenn ich in Erscheinung trat, und eine furchtbare Wirkung auf mich ausübten.

Dieses Phänomen muss erklärt werden, das ist die Familie K. der Menschheit schuldig. Diese Scheiben sind direkt gegenüber dem Eingangstor und der Haustüre angebracht. Unverständliche Sensoren gibt es auch in einem Fenster des Hauses der Familie P., sowie in dem Obergeschoss der Praxis des Hellsehers R. Wenn ich an mein Fenster trete, so kommt aus der linken Ecke des Fensters der Familie P. und der Praxis ein gestreckter Arm, mit der Handfläche parallel zum Fenster, heraus. Gleich danach ist Frau P. in dem Raum zu sehen. Dieses Phänomen ist unerklärbar. Frau P., aber auch Herr P. werden es bestimmt erklären können. Diese Erklärung sind sie der Menschheit schuldig. Die Wirkung dieser Gegenstände ist nicht harmlos.

Als ich einige Tage nach dem Ende des Gerichtsverfahrens im Garten arbeitete, fühlte ich eine schreckliche Wirkung auf meine Muskulatur, die vom Hause P. kam. Ich sah, dass Frau P. danach mit dem Fahrrad wegfuhr. Kurze Zeit später bekam ich einen ungeheuren schmerzhaften Stich in den Kopf, und aus beiden Nasenlöchern kam ein Blutstrom mit arteriellem Blut, der nach einer Minute aufhörte. In dieser Panik rief ich zu Gott um kräftige Hilfe. In dem Moment ging ein gewaltiger Luftstrom über mich hinweg, der mich fast zu Boden warf. Nach einer halben Stunde hatte ich mich von diesem Elend erholt. Ich sah, dass die Markise der Familie K. auf der linken Seite aus der Verankerung im Dach herausgerissen war und 50 cm über dem Dach stand. Ich sah, dass noch am gleichen Tag Herr K. und sein Enkel die Markise repariert hatten. Man kann sehen, dass da eine Reparatur vollzogen wurde.

Als ich am Nachmittag mit dem Hund spazieren ging, sah ich, dass das Ortsschild, welches sich in der Richtung des Luftstromes, der über mich hinweggegangen ist, befindet, vom Betonsockel abgetrennt war. Es war nicht umgefallen, sondern stand auf der Kante. Ich habe es mit der Handykamera fotografiert. Was dort geschehen war, kann von keinem Menschen verursacht worden sein.

So eine Nasenblutung hatte ich schon einmal in meinen jungen Jahren. Mein Schwager hatte sich kurz vor seinem Tod auch dazu bekannt. Ein Hellseher hatte mir ein Blutgefäß im Hirn geöffnet, und eine hohe Macht hatte das Blut über die Nase abgeleitet, so dass ich keinen Hirnschaden davongetragen habe.

Einige Tage nach diesem schrecklichen Ereignis hatte ich Gott im Gebet gefragt, wer mir jetzt diese Blutung verursacht hatte. Ich bekam in meine Gedanken den Befehl: »Geh, ich zeige es dir!« Ich ging los, und vor einem Haus nicht weit entfernt von unserem Haus, bekam ich den Befehl, zum Balkon des Dachgeschosses hinaufzuschauen. An der Balkondecke hing ein seltsames Gebilde mit mehreren glänzenden Scheiben. Es sind die gleichen Scheiben, wie sie auch Familie K. in ihrem Fenster hat.

Die Wirkungen aller mysteriösen Gegenstände sind furchtbar. Wenn die Bedrohungen, die von der okkulten Sekte ausgehen, besonders hoch sind, dann erscheint an meiner Eingangstüre ein hell erleuchtetes Kreuz, welches sich im Inneren der Wohnung befindet. An der Außenseite der Türe ist nichts zu sehen. Wenn dieses helle Kreuz da erscheint, dann hören alle Probleme, die von der okkulten Szene verursacht werden, auf. Ich habe diese Erscheinungen öfters fotografiert, denn es sind nicht immer die gleichen.

Ich konnte bis jetzt nicht so recht glauben, dass die Gottesmutter Maria, die Engel und die Heiligen helfen können, da ich im evangelischen Glauben erzogen wurde. Im evangelischen Glauben habe ich aber die Heilige Dreifaltigkeit erkannt und hatte schon seit meiner frühesten Kindheit ein inniges Verhältnis zu Gott. Dieses kann nur durch die große Gnade Gottes geschehen sein, weil ein Kleinkind noch nicht in der Lage ist, dies zu erfassen.

Am 1. Februar 2010 bat ich Gott im Gebet, dass er mir zu Maria Lichtmess ein Zeichen gibt. Am 2. Februar war etwas Besonderes erschienen: Die ganze Wohnung war von einem violetten Licht erhellt, und an der Einganstüre war etwas zu sehen, das wie eine Flamme aussah. Ich habe dies auch fotografiert.

Den Tag darauf fragte ich Gott, ob auch die Heiligen, die einmal Menschen waren, helfen können, ich dachte dabei an den heiligen Josef. An diesem Abend erschien ein größeres Kreuz als gewöhnlich, und die Wohnung war in ein lilafarbenes Licht gehüllt. Den Tag darauf wollte ich auch wissen, ob der Erzengel Michael Satan bekämpft. Das Kreuz, welches an der Eingangstüre erschien, war fast identisch mit dem vom Vortag, und das lila Licht war auch da. Alle hellen Erscheinungen hatten die Form eines Kreuzes, was beweist, dass sie alle im Namen Jesu zu Hilfe gekommen sind. Die Bilder von diesen Kreuzen habe ich auf Fotopapier ausgedruckt; sie sind im Anhang dieses Buches abgedruckt.

Wenn ich aus dem Haus gehe, nehme ich mir immer ein Bild mit einem Kreuz zu meinem Schutz mit. Eines Tages war ich mit dem Auto zum Einkaufen gefahren. Ich hatte mir so ein Bild mit einem Kreuz einfach unter die Jacke gesteckt und nicht mehr daran gedacht, dass ich es im Auto lassen sollte, wenn ich aussteige, so, wie ich es gewöhnlich tat. Ich bin mit der geöffneten Jacke ausgestiegen, und das Bild ist sicher sofort beim Aussteigen heruntergefallen. Nachdem ich eingekauft hatte, fuhr ich zu einem anderen Supermarkt, der nur 200 Meter vom ersten entfernt war. Als ich auch da eingekauft hatte und mich wieder ins Auto setzte, bemerkte ich, dass das Bild nicht mehr da war. Ich dachte mir gleich, dass es nur beim ersten Aussteigen aus dem Auto herausgefallen sein konnte. Mit traurigem Herzen wollte ich nach Hause fahren. Als ich mit dem Auto von meiner Parkstelle herausgefahren war und losfahren wollte, sah ich, dass ein weißes Papier ungefähr einen Meter über dem Boden geflattert kam, vor meinem Auto eine Drehung machte und sich auf die Böschung des Parkplatzes, mit dem Kreuzbild nach oben, niederließ. Ich stieg sofort aus und holte mir meinen Engel. Das ist unglaublich, aber wahr. Ich bin davon überzeugt, dass der wahrhafte Engel, der auf diesem Bild abfotografiert war, mir das Bild gebracht hatte.

Seit diesen Ereignissen habe ich viele Sendungen auf K-TV gesehen und vieles mitbekommen, wovon ich vorher noch nichts wusste. Ich empfinde den katholisch-apostolischen Glauben als den vollkommensten. In dem evangelischen Glauben hat Luther viel Wichtiges weggestrichen. Dies ist wegen der korrupten Päpste zur Zeit Luthers passiert. Unsere Generation hat den Papst Johannes Paul II. erlebt. Über ihn – als Papst und als Mensch – gibt es nur Schönes zu berichten. Sein Leichnam war im Petersdom aufgebahrt. Beim Anblick seines seligen Antlitzes konnte man erkennen, dass er Jesus gesehen hat. Als der Sarg geschlossen wurde und eine Bibel darauf gelegt wurde, wurde die Bibel von einem Geist aufgeschlagen, durchgeblättert und wieder zugeschlagen. Durch die Reihen der Kardinäle ging ein Luftzug, so dass ihre Gewänder flatterten. Ich glaube nicht, dass dieser Luftzug der Heilige Geist war, sondern der Papst im geistigen Leib. Das glaube ich, weil ich Folgendes erlebt habe:

Einen Tag nach dem Tod meines Mannes hatte ich meiner Mutter und meiner Tante, die im Dachgeschoss bei mir wohnten, Kaffee und Kuchen gebracht. Als wir bei Tisch saßen und über das Leben meines Mannes sprachen, kam plötzlich ein heftiger Luftzug, der die Türe des elektrischen Sicherungskastens, der sich in der Diele an der Wand befindet, auf und zu schlug. Wir saßen im Wohnzimmer mit geöffneter Türe und staunten über das, was in der Diele geschah. Kurz danach kam der Luftzug ins Wohnzimmer, das Tischtuch flatterte, und die Papierservietten flogen vom Tisch. Auch die Gardinen flatterten, und wir fühlten den starken Luftzug. Ich nehme an, dass mein Mann im geistigen Leib zugegen war.

Unser Papst Benedikt XVI., stark im Glauben und von Herzen sehr demütig, ist würdig, als lieber Heiliger Vater angesprochen und als Nachfolger Petri geliebt zu werden. Es gibt auch viele evangelische Christen, die dies so empfinden.

An ökumenischen Kirchentagen hört man immer evangelische Jugendliche sagen, dass sie ein gemeinsames Abendmahl feiern wollen. Seit ich erfahren habe, was die Eucharistie ist, würde ich ihnen davon abraten, und auch den katholisch Gläubigen, die dies nicht mit vollem Ernst nehmen, ansonsten wird ihnen das geschehen, was in Korinther 11, Vers 27–29 steht. Die Hostie und der Kelch sind wahrhaftig Leib und Blut Christi. In dieses werden sie durch den Heiligen Geist umgewandelt, den die Priester im Gebet erbitten. Das habe ich wahrhaftig erfahren.

Ich sehe jeden Sonntagmorgen um 8 Uhr die Heilige Messe mit der lateinischen Liturgie aus Wigratzbad. Hier sind Priester im Gebet mit dem Allerhöchsten verbunden, um die Verwandlung der makellosen Gaben zu erreichen. Der Altar wird zuerst mit Weihrauch geweiht. Danach wird im gesamten Gottesdienst von diesen Priestern über der Hostie und über dem Kelch gebetet. Die Predigt wird von einem anderen Priester gehalten. Ich habe gesehen, dass manchmal ein violettes und manchmal ein weißes Licht über die Gaben am Altar nach dem intensiven Beten der Priester zu sehen war. Über Papst Benedikt habe ich ebenfalls ein hellviolettes Licht gesehen, als er betete. Die anderen Personen, die mit mir in meinem Wohnzimmer waren, hatten es erst bemerkt, als ich sie darauf aufmerksam gemacht hatte.

In einer Devotionalienhandlung habe ich immer geweihten Weihrauch gekauft, und da habe ich auch gesehen, dass es hier Päckchen mit Hostien gab. Ich fragte die Verkäuferin, ob die Hostien geweiht seien. Die Verkäuferin sagte, dass sowohl die Hostien als auch der Weihrauch von Kardinal Zollitsch geweiht sind. Ich kaufte mir auch ein Päckchen mit Hostien. Als die Priester in Wigratzbad Hostien und Kelch weihten, kniete ich vor dem Fernseher und hielt eine Hostie zwischen Daumen und Zeigefinger auf die Hostie des Priesters, der sie zum Kreuz Jesu emporhob. Über meinen Geist war ich mit Gott und den Priestern verbunden. Die Hostie, die ich zwischen meinen Fingern hielt, vibrierte. Ich nahm die Hostie dann auch zu mir, als die Priester die geweihten Hostien zu verteilen begannen. Ich wagte dies zu tun, weil ich den katholischen Glauben über die Fernsehsendungen von K-TV kennen gelernt habe. Ich war davon überzeugt, dass die Hostie der Leib Christi ist und der Wein im Kelch das Blut Christi.

Am Sonntag darauf sagte ich meinem Sohn, dass er mich am Ende der Messe fotografieren sollte, weil ich immer einen leichten violetten Schimmer im Wohnzimmer sah. Was auf dem Foto zu sehen ist, ist etwas Großartiges. Der ganze Raum war in ein violettes Licht gehüllt. Mir ist klar, dass das Licht von dem Leib Christi, den ich mit der Hostie eingenommen habe, kam. Wenn man die Hostie nicht als den wahren Leib Christi empfängt, so soll man es nicht tun, weil man sich selbst zum Gericht isst, weil man nicht unterschieden hat den Leib des Herrn. Wenn die Christen Ökumene wollen, dann sollen sie nicht das wegstreichen, was das Höchste in unserem Glauben ist, sondern es annehmen. Die makellosen Gaben, also Hostie und Wein, können nur von sehr gläubigen Priestern geweiht werden, die täglich mehrmals über das Gebet mit Gott in Verbindung sind. Wir brauchen sehr gläubige Priester im Zölibat für die Weihe der Hostien. Diakone und gläubige evangelische Pfarrer können alle anderen Sakramente vollziehen. Ökumene mit gemeinsamem Abendmahl kann es nur dann geben, wenn die Hostie als Leib Christi genommen wird. Die Vereinigung der evangelischen und der katholischen Kirche wäre noch besser als nur Ökumene. Die evangelisch gläubigen Pfarrer sollten all das, was Luther gestrichen hat, wieder einführen, dann wären evangelisch gläubige Pfarrer mit katholischen Diakonen auf dem gleichen Niveau. Ich nehme an, dass das gut sein könnte.

Etwas Besonderes erschien mir am 26. März 2010, worüber ich jetzt berichte.

Die Seele ist unsterblich und hat keine Materie, also ist es ein Geist, der in uns wohnt. Sie befindet sich in der Nähe des Herzens. Man kann es fühlen, dass sie dort ist, wenn man sich freut und wenn man trauert. Die Seele ist beteiligt, wenn wir Gott über unseren Geist, der sich im Hirn befindet, anbeten. Da Gott Geist ist, kann er nur über unseren Geist erreicht werden. Wenn unser irdischer Leib stirbt, bekommt die Seele sofort einen geistigen Leib. Ich habe im November 2004 im Schlaf so einen geistigen Leib gesehen. Ich nehme an, dass die Seele meines Mannes in diesem Leib war, weil mir der Name und die Adresse der zwei alten, satanischen Huren mitgeteilt wurde, welche von Hellsehern auf meinen Mann angesetzt waren. Eine Hellseherin hatte sich auf Astro-TV zu dieser Untat an meinem Mann bekannt. Über dieses Problem steht mehr in meinem Buch MERKWÜRDIGE EREIGNISSE, ebenfalls erschienen im Karin Fischer Verlag.

In den letzten Wochen seines Lebens erzählte mir mein Mann, dass er öfters Kontakt zu seinem verstorbenen Vater hatte. Ich fragte ihn, was er gesehen und gehört hat. Er sagte mir, dass er seinen Vater nicht gesehen hat, weil er immer zu ihm gekommen ist, wenn er sich im wachen Zustand befand, und mit den Augen kann niemand einen Geist wahrnehmen. Sprechen hat er ihn auch nicht gehört, weil ein Geist nicht spricht. Mein Mann hatte gesagt, dass er gefühlt hatte, dass sich der Geist in seiner Nähe befindet, und er bekam eine Botschaft vom Geist seines Vaters in seinen Geist. Der Geist seines Vaters hatte ihm auch geraten, sich um mich zu bemühen, damit er mich zur Frau bekommt, und hatte ihm auch den Ort und die Zeit mitgeteilt, wo er die ersten Kontakte mit mir knüpfen konnte. Er hatte ihm auch mitgeteilt, dass er sich sehr gefreut hat, als er uns zum ersten Mal zusammen gesehen hat. Also hat man im geistigen Leib die gleichen Gefühle wie im fleischigen Leib. Dass es diese Art von Anteilnahme an unserem Leben gibt, können wir uns im Fleisch nicht vorstellen. Entweder ist deren Blickwinkel so weit oder deren Geschwindigkeit so enorm oder etwas ganz anders, was wir uns gar nicht vorstellen können. Dass all dass, was mein Mann mir gesagt hatte, keine Spinnerei war, habe ich am 26. März 2010 persönlich erfahren. Ich beschreibe, was an diesem Tag geschah:

Vor einigen Jahren hatte ich von Verwandten meines Mannes aus der Familie Jekelius erfahren, dass der Urgroßvater meines Mannes K.u.K.-Hofsekretär am Wiener Hof war, Friedrich

Adolph Jekelius hieß und die Urgroßmutter Maria von Sternenheim Gouvernante am Kaiserhof war. Nach einiger Zeit wurde mir im Traum mitgeteilt, dass Friedrich Adolph sich mit einem Sprung aus einem Fenster der Hofburg das Leben genommen hatte, weil ihn die Witwen der Offiziere ständig beschuldigten, da er dem Kaiser zum Krieg um Piemont geraten hatte. In diesem verlorenen Krieg gab es sehr viele Tote.

Als mein Sohn im März 2010 einige Tage Urlaub in Wien machte, kam ihm der Gedanke, dass er Ahnenforschung machen sollte, um festzustellen, ob es wahr ist, was ich auf so mysteriöse Weise zu wissen bekommen hatte. An dem Vormittag, an dem mein Sohn auf dem Rathaus in Wien nachgefragt hatte, hatte ich etwas sehr Merkwürdiges erlebt. Ich saß am Tisch und las in einem Buch. Plötzlich hatte ich das Gefühl, dass zwei Personen vor mir standen. Eine direkt vor mir und die andere etwas hinter dieser Person. Ich bekam ein unbeschreiblich glückliches Gefühl. Ich habe nichts gesehen und nichts gehört, aber ich wusste, was mir diese Personen mitgeteilt hatten. Die Mitteilung lautete: »Wir haben uns sehr stark gefreut, dass auch von unserem Sohn wenigstens ein Spross weiterkommt. Die anderen sind alle verloren gegangen. Wir haben dich lieb, du bist ein tüchtiger Mensch.«

Als mein Sohn aus Wien zurück kam, erzählte ich ihm dieses Erlebnis, welches ich am Vormittag des 26. März 2010 hatte. Mein Sohn sagte, dass er zu der Zeit am Rathaus war und den Namen Friedrich Adolph Jekelius am Rathaus in Wien erwähnt hatte. An dem Tag konnte ich an meiner Hauseingangstüre zwei helle Kreuze erkennen, die bei Einruch der Dunkelheit leuchteten. Ich habe sie mit der Digitalkamera fotografiert. Ich nehme an, dass diese Kreuze die Urgroßeltern meines Mannes im Herrlichkeitsleib waren. In der Wohnung gab es dieses Mal kein violettes oder lila Licht. Mir wurde jetzt klar, dass der geistige Leib, den man sofort bekommt, so aussieht wie der, den ich in meinem Buch MERKWÜRDIGE EREIGNISSE beschrieben habe, und der Herrlichkeitsleib der Menschen so aussieht wie diese Erscheinung an meiner Haustüre. Der katholische Glaube spricht auch von einer Übergangszeit, die als Fegefeuer bezeichnet wird. Kein einziger Mensch bekommt sofort den Herrlichkeitsleib. Durch den Tod Christi am Kreuz sind wir noch nicht ganz sündenfrei, weil wir noch nicht alle Sünden auf ihn abgeladen haben, weil wir sie nicht einmal als Sünden erkannt haben. Vor dem heiligen Gott können wir mit Sünden gar nicht bestehen. Wenn wir uns im irdischen Leben bemühen, in bewusster Liebe zu unseren Mitmenschen zu leben, so decken wir auch Sünden ab. Diese besondere Erfahrung habe ich einmal erlebt.

In der Klosterkirche von St. Trudpert hängt an der linken Wand des Hauptschiffes der gekreuzigte Heiland des Künstlers Ch. D. Schenk aus Konstanz. Ich stelle mich gerne unter dieses Kreuz und lade hier meine mir bewussten Sünden ab und schicke sie über meinen Geist zum lebendigen Heiland empor. Als ich einmal bete, dass Jesus mich die unerkannten Sünden erkennen lässt, damit ich sie bereue, wurde mir folgendes Bild vor Augen geführt:

Ich arbeitete in einer orthopädischen Kinderabteilung. Ein fünfjähriges Mädchen, welches einen angeborenen Schiefhals hatte und dessen Kopf und ein Teil des Brustkorbes nach der Operation eingegipst waren, sagte mir, dass es sehr stark urinieren müsste. Ich war vorbereitet für die hochsterile Behandlung der Operationswunden, die ich mit der Oberschwester durchführen sollte. Meine Hände waren mit Bürsten und Kernseife minutenlang gewaschen worden. Ich sagte zu dem Mädchen: »Warte, bis die Tante Elena kommt.« Das war die Krankenschwesterhelferin. Ich ignorierte das Mädchen, das in einer Not war.

An dieses Ereignis habe ich über vier Jahrzehnte lang nicht mehr gedacht, und jetzt bekam ich es als Sünde zu sehen. Es überkam mich ein furchtbares Schamgefühl vor mir selbst. In dieser Betrübtheit fühlte ich, dass mir Jesus ganz nahe kam. Ich bekam in meinen Geist die Gedanken: »Ich habe diese Sünde längst übernommen, die du in deinem jugendlichen Leichtsinn begangen hast. Die aufopfernde Liebe, die du in deinem Leben vielen Menschen gegeben hast, hat diese Sünde gedeckt, diese Sünde heißt Unvernunft.«

Als ich nach einer Woche wieder betend unter diesem Kreuz stand, bekam ich mich wieder zu sehen. Es war in den ersten Tagen, als ich als Kinderkrankenschwester in einem Kinderheim mit Kindern bis zu drei Jahren arbeitete. Als ich mit meiner Gruppe auf einer umzäunten Terrasse war, kam die Wäschefrau des Heimes an die Terrasse und rief den kleinen Gabriel: »Komm zu deiner Mama!« Da alle weiblichen Personen für die Kinder Mama waren, ahnte ich nicht, dass sie die leibliche Mutter von Gabriel war, und machte eine furchtbare Dummheit. Ich sagte der Wäschefrau, dass sie sich ein anderes Kind als Liebling auswählen solle, denn Gabriel wäre der dümmste aus der Gruppe. Nachdem ich das gesagt hatte, drehte sie sich sofort um und rannte weg. Diese Frau, die Carmen hieß, war auch Amme. Bis zu zwei Jahren konnten Ammen für die Säuglinge des Heimes Milch abgeben.

Was ich da angestellt hatte, hatte auch die Ärztin, eine ältere jüdische Dame, die auch Direktorin dieses Heimes war, gehört. Sie kam zu mir und sagte mir, dass die Carmen die Mutter des kleinen Gabriel sei. In dem Moment fühlte ich mich, als ob unter mir ein Loch wäre, das mich verschlingt. Die Ärztin, die ein überaus edler Mensch war, konnte sich sowohl in die Carmen als auch in mich hineinfühlen. Sie sah mich mit liebevollem Blick an und sagte, dass sie gleich alles in Ordnung bringen würde. Sie ging zu Carmen in die Wäscherei und sagte ihr, dass ich solche dumme Witze auch mit den Kindern von anderen Ammen gemacht hätte. Sie sagte zu Carmen: »Dein Kind ist genauso lieb und genauso intelligent wie alle anderen Kinder in diesem Alter.«

Dann kam die Ärztin zu mir zurück und sagte, dass sie den Schmerz geheilt hätte, und ich könnte die Sache vergessen, sollte aber unbedingt eine Lehre daraus ziehen. In der Klosterkirche St. Trudpert bekam ich auch dieses Ereignis zu sehen und erkannte, dass diese Sünde Hoffart heißt. Die Lehre, die ich daraus gezogen hatte, war, dass man niemals etwas Unüberlegtes aussprechen darf. Ich hatte den kleinen Gabriel nicht als minderwertig eingeschätzt und genauso lieb und gut wie die anderen Kinder behandelt. Jeder sollte aufpassen, was aus seinem Mund herauskommt, denn Worte sind wie Schwerter, die töten können!

Nachher erinnerte ich mich auch an ein anderes Ereignis. Ich arbeitete in einem Kinderkrankenhaus auf der Station für Säuglinge und Kleinkinder bis zu zwei Jahren. An einem sehr kalten Januartag, am Vormittag, kam eine Mutter mit einem zweijährigen Kind als Notfall auf unsere Station. Das Kind hatte hohes Fieber und war im Gesicht blau angelaufen. Die Diagnose war klar: eine Luftröhrenentzündung. Die Ärztin der Station hatte mich sofort mit dem Kind zur HNO geschickt, damit das Kind ein Tracheostoma bekommt. Die HNO-Station war am anderen Ende des Klinikareals. Der Weg war sehr glatt, und mit den Pantoffeln getraute ich mich nicht, schnell zu laufen. Bis ich dorthin kam, war das Kind in meinen Armen gestorben. Die HNO-Ärztin schickte mich mit dem toten Kind zurück. Sie sagte: »Geh sehr langsam, ich telefoniere mit der Kinderärztin, damit sie die Mutter vorbereiten.«

Das war für mich ein sehr schwerer Gang, ich wäre mit dem toten Kind am liebsten bis zur Erschöpfung gerannt, nur nicht zur Mutter.

Als ich auf die Station kam, standen die Ärzte der Station und die Schwestern mit der Mutter im Schwesternzimmer. Ich war auf eine furchtbare Szene gefasst, aber die blieb aus. Die Mutter nahm voller Ehrfurcht das Kind aus meinen Armen und legte es auf die Liege, die in diesem Zimmer war. Sie kniete vor dem Kind nieder und sagte: »Mit schmerzendem Herzen, aber mit getrostem Sinn gebe ich dich Gott, deinem Schöpfer, zurück.« Dann sagte sie uns: »Ich habe 23 Jahre für dieses Kind gebetet. Mit 43 Jahren wurde ich schwanger. Ich danke Gott von ganzem Herzen, dass er mir zwei Jahre lang Mutterglück geschenkt hat.«

Als ich unter dem Kreuz der Klosterkirche St. Trudpert stand, fragte ich, ob ich eine Sünde begangen habe, weil ich nicht schnell drauflos gelaufen bin. Ich bekam in meinen Gedanken die Antwort: »Nein, Tag und Stunde bestimmt Gott allein.«

Was ich durch den Freitod von Friedrich Adolph Jekelius erfahren habe, ist Folgendes: Gott hat ihm seinen Freitod verziehen, sonst wäre Friedrich Adolph mir nicht im Zeichen Christi erschienen. Friedrich Adolph hat bestimmt im Glauben an den Heiligen Dreifaltigen Gott gelebt und bestimmt vor seiner Tat Gott um Verzeihung gebeten. Gott muss mit seiner Entscheidung auch einverstanden gewesen sein. Im August 2010 habe ich auf mysteriöse Weise erfahren, dass dieser Sprung wirklich berechtigt war.

Als mein Sohn auch im August 2010 in Wien war, hatte er das Haus fotografiert, in dem Friederich Adolph Jekelius in seinem letzten Lebensjahr gewohnt hatte. Als mein Sohn mir die

Bilder zeigte und ich an Friedrich Adolph Jekelius dachte, fühlte ich, dass mein Kopf ganz sacht gestreichelt wird. In meine Gedanken wurde mir Folgendes übertragen:

»Es war ein Fest in der Hofburg, bei dem meine Familie dabei war. Zwei Gräfinnen, die in der Hofburg beschäftigt waren, kamen zu mir in meine Wohnung und sagten, dass sie sich rächen wollen. Sie sagten, dass ich aus dem Fenster des zweiten Stockes hinunterspringen soll, und wenn ich es nicht tue, dann würden sie meinen zwölf Jahre alten Sohn Ernst Peter entführen und zu Tode quälen. Ich hatte mich sofort für den Sprung entschieden.«

Aus diesem mysteriösen Ereignis kann man erfahren, dass die geistige Welt nicht irgendwo weit entfernt im Universum ist, sondern mitten unter uns. Sowohl der allmächtige Gott mit seinen heiligen Heerscharen als auch die Macht Satans mit seinen satanischen Engeln.

Meiner Mathematiklehrerin aus dem Gymnasium hat Gott den Freitod nicht gestattet. Ein Ereignis in unserer Klasse trug dazu bei, dass sie mit uns darüber sprach: Der Klassenbeste war sehr aufgeregt darüber, weil der Logiklehrer anhand der ausgefüllten Fragebögen festgestellt hatte, dass ich von allen 80 Schülern der 11. Klassen am logischsten denken könnte. Der Klassenbeste war so aufgeregt, dass er sich nicht einmal in der darauf folgenden Mathematikstunde beruhigen konnte. Die Lehrerin fragte ihn, was mit ihm los sei. Er sagte ihr, dass er es nicht fassen kann, dass ein so dummer Mensch, der glaubt, dass es einen Gott gibt, logisch denken kann. Ich hatte über meinen Glauben niemals gesprochen. Er konnte es nur daraus schließen, weil ich zur Konfirmation vom Pfarrer eine Bibel bekommen hatte. Es war in unserer Stadt Tradition, dass zur Konfirmation der Pfarrer einen Konfirmanden und eine Konfirmandin auswählte, denen er eine Bibel überreichte.

Die Lehrerin sagte dem Klassenbesten, dass er gleich auch sie dumm nennen könnte, denn sie würde es nicht nur glauben, dass es einen Gott gibt, sondern es sogar wissen, und dann erzählte sie Folgendes:

»Ich hatte zwei gesunde Kinder bekommen. Zuerst ein Mädchen und ein Jahr darauf einen Jungen. Fünf Jahre danach bekam ich das dritte Kind, und dieses war ein krankes Kind. Ich dachte, dass ich mit diesem Kind nicht mehr weiterleben darf, und wollte mich mit dem Kind im Arm töten. Ich war auf ein Fensterbrett der Geburtenklinik in Hermannstadt gestiegen. Es war im 2. Stock. Ich war fest entschlossen, von dort hinunterzuspringen. Als ich den einen Fuß schon zum Sprung angelegt hatte und es normalerweise nichts anderes mehr geben konnte als den Fall, fühlte ich, dass mich eine große Kraft auf das Fensterbrett zurückdrückte und mich mit meinem Namen aufforderte, herunterzusteigen und das kranke Kind anzunehmen. Diese Kraft machte mir klar, dass ich nicht das Recht hatte meine zwei Kinder als Waisen auf dieser Welt zurückzulassen. Ich hatte diese hohe Kraft nicht gesehen und nicht sprechen gehört. Ich hatte nur das, was sie mir mitteilen wollte, mit meinem Geist erfasst. Ich kann es mir nur so vorstellen, dass diese Hohe Kraft *Gott* war. Als mein gesunder Sohn, der mir so viel Freude bereitet hatte, 16 Jahre alt war, nahm ihn Gott zu sich. Mein Sohn verließ mich.«

Gott hatte den Freitod der Lehrerin nicht zugelassen, weil er absolut nicht berechtigt war. Nach meinen Erfahrungen war es nicht Gott persönlich, sondern ein Engel, den Gott beauftragt hatte. Auf alle Fälle hat die Lehrerin Recht, wenn sie meint, dass es Gott gibt. Nach dieser Mathematikstunde kam die zweitbeste Schülerin unserer Klasse zu mir und sagte mir, dass sie ihren Kindern, wenn sie welche bekommt, schon mit drei Jahren beibringen will, dass es keinen Gott gibt. Sie würde es nicht zulassen, dass jemand ihre Kinder so verblödet. Diese Schulkollegin ist am dritten Geburtstag ihres einzigen Sohnes im Alter von 27 Jahren gestorben. Die Schwiegereltern nahmen den kleinen Enkel zu sich. Der Großvater war Prediger einer evangelischen freikirchlichen Gemeinde. Man kann sich da fragen: Zufall oder Gott? Ich glaube, dass Gott in seiner Allmacht nicht einmal das allergeringste Geschehen dem Zufall überlässt. Auch das Schwere und Unverständliche lässt Gott zu, ansonsten würde es nicht geschehen. Warum es geschehen musste, wird jeder einmal erfahren, wenn die Zeit dafür gekommen ist.

Das Glaubensbekenntnis habe ich oft gesprochen. Ich habe alles als Wahrheit anerkannt, weil mir klar war, dass es unter der Eingebung Gottes geschrieben wurde. Ich habe aber nicht alles über meinen Verstand aufnehmen können. Was ich daraus nicht verstehen konnte, war:

1) Auferstehung der Toten;

2) Ich wusste nicht, wer die Lebenden und die Toten sind, die von Jesus gerichtet werden.

Durch den Willen Gottes habe ich es jetzt mitbekommen und gebe es in diesem Buch weiter.

1) Der Mensch stirbt, sein Leib ist tot. Aus diesem toten Leib aufersteht die unsterbliche Seele und bekommt sofort einen geistigen Leib, ohne Materie. Die Auferstehung in dem geistlichen Leib erleben alle Menschen, egal ob sie Gutes oder Böses im irdischen Leben getan haben. Alle Menschen sind von Gott zum ewigen Leben berufen. Wir sind seine Geschöpfe, die er liebt und gerne alle in seinem Reich haben möchte.

In der Seele des Menschen ist sein ganzes Wesen und der Charakter inbegriffen, welchen der Mensch auf Erden hatte. Unser Wesen und unser Charakter sind das Einzige, was wir in die Ewigkeit mitnehmen. Für die Menschen hat sich nur die äußere Hülle geändert, mit der die Seele bekleidet ist. Dies ist die Auferstehung, an die wir glauben. Mit Beendigung des irdischen Lebens ist es für uns nicht zu Ende. Es gibt das ewige Leben im Reich Gottes.

2) Wer sind die Lebenden und wer die Toten?

In dem geistigen Leib kommen alle Menschen vor den Richter Jesus Christus. Die Toten sind diejenigen Menschen, welche sich in diesem irdischen Leben von der Gnade des allmächtigen Gottes abgetrennt und sich der Macht Satans unterworfen haben. Dies sind die Mitglieder der satanistischen, okkulten Sekte, die einmal Christen waren und in Europa stark verbreitet sind. Zu den Toten gehören aber auch Menschen der nichtchristlichen Religionen, welche Götzen und Engel Satans anbeten und in deren Kraft auch Wunder tun können. Alle Menschen, die mit Satan gelebt haben, werden von Jesus für ewig in die Hölle verbannt. Sie sind die Toten, die das ewige Leben nicht mehr bekommen. In der Hölle werden sie für alle Qualen, die sie auf Erden unschuldigen Menschen angetan haben, um ein großes Vielfaches bezahlen. Zu den Toten gehören auch die Menschen, die weder die Existenz Gottes noch Satans anerkannt haben. Es sind die Atheisten, die aus eigenem Willen boshaft mit den Mitmenschen umgegangen sind. Atheisten, die nach den Gesetzen der Ethik gelebt haben, werden die Gnade Gottes bekommen. Gottes Reich reicht bis zu den Pforten der Hölle und ist von Gottes Helligkeit erfüllt. Am hellsten ist es in der Nähe Gottes, und in der Nähe der Hölle ist es schon fast dunkel.

In meinem Buch MERKWÜRDIGE EREIGNISSE habe ich genau beschrieben, was ein Bekannter vom Geist seines Vaters erfahren hat, als ihm der Kontakt zum Geist seines Vaters durch einen Hellseher hergestellt wurde. Der Geist hatte ihm unter anderem auch mitgeteilt, dass er ein guter Mensch sein solle, damit er auch dort hinkommt, wo er ist, denn es wäre dort nicht schlecht. Ich habe seinen Vater gekannt. Er war ein außerordentlich korrekter Mensch, der sich an den Gesetzen der Ethik orientierte.

Eine Kollegin von der Krankenschwesternschule hatte sich durch eine Hellseherin einen Kontakt zu ihrer verstorbenen Mutter herstellen lassen. Ihre Mutter war im irdischen Leben ein sehr boshafter Mensch gewesen. Ich habe sie auch gekannt. Die Kollegin erzählte mir, dass ihre Mutter ihr gesagt hätte, dass sie ein besserer Mensch sein solle, als sie es war, damit sie nicht auch hinkomme, wo sie wäre. Ihre Mutter hatte ihr gesagt, dass es fast ganz dunkel und schrecklich wäre – dort, wo sie sich befindet.

Jesus richtet alle Menschen nach den Sünden, die sie im irdischen Leben begangen haben, und weist ihnen den Ort in Gottes Reich zu, der ihnen zusteht. Die Menschen, die ihre Sünden bei Lebzeiten Jesus übergeben haben, werden in den helleren Teil des ewigen Lebens kommen. Gott werden sie nur dann erblicken, wenn sie Jesus von allen Sünden befreit hat. Die totale Befreiung geschieht den Menschen nur im ewigen Leben und allein durch Jesus. Jesus kennt auch alle lässigen Sünden, die von den Menschen im irdischen Leben nicht erkannt wurden, und übernimmt sie. Wer von allen Sünden befreit ist, wird dann auch Gott schauen. Jesus Christus ist der Weg, der zu Gott führt. Jesus sagt uns: »Ich bin der Weg, die Wahrheit und das Leben, niemand kommt zum Vater denn durch mich.«

Als Jesus am Kreuz gestorben war, geschah im Tempel in Jerusalem ein großes Wunder. Der Vorhang im Tempel, welcher das Allerheiligste abschloss, zu dem nur der Hohepriester Zutritt hatte, wurde zerrissen, und zwar von oben nach unten. Gott hat es selbst getan. Warum hat Gott dies getan? Weil Gott will, dass alle Menschen den Zutritt zu ihm haben. Diese große Gnade, dass wir mit Bitten, Danken und Loben direkt zum himmlischen Vater gehen dürfen, verdanken wir unserem Herrn Jesus. Er hat alle unsere Sünden ans Kreuz getragen und uns den Weg zu Gott frei gemacht. Gott kennt alle Menschen und kann gleichzeitig überall sein, ebenfalls auch seine heiligen Engel. So unendlich groß ist unser Gott. Die Menschen, die auf Erden gottgefällig gelebt und den Herrlichkeitsleib im ewigen Leben erlangt haben, sind den Engeln gleich, sie dienen Gott, wie es auch die Engel tun.

Die Himmelskönigin der Engel ist die Gottesmutter Maria. Jesus hat sie im Himmel gekrönt. Maria hat sich mir zweimal gezeigt, und ich habe sie fotografiert. Das erste Mal war am

2. Februar 2010. Ich hatte damals leider keine Kamera, sondern nur das Handy. Am Tag darauf hatte ich mir eine Digitalkamera gekauft, mit der ich dann vom heiligen Josef, der sich mir am 3. Februar 2010 zeigte, ein besseres Bild bekam.

Die Heilige Maria hatte sich mir im Juli 2010 zum zweiten Mal gezeigt. Sie war mir in einer großen Not zu Hilfe gekommen. Es war schon dämmrig, als ich in meinem Garten war. Aus den Fenstern der Familie P. leuchteten, wie schon öfters, seltsame, ungewöhnliche Lampen. Als ich mich im Garten mit dem Rücken zu diesem Haus befand, fühlte ich einen besonders starken Stich im Lendenbereich, sodass ich auf dem rechten Bein nicht mehr stehen konnte. Über dieses Elend, was mir zugefügt wurde, war ich sehr erschrocken. In meinen Gedanken hörte ich: »Fürchte dich nicht, ich bin ja da.« Ich fühlte, dass mich eine unsichtbare Kraft stützte, sodass ich hinkend ins Haus gehen konnte. An meiner Eingangstüre war eine besondere Erscheinung. Das ganze Treppenhaus war wie von einem Feuer erleuchtet, und die ganze Wohnung war in ein violettes Licht gehüllt. Ich fühlte, dass dies die Gottesmutter Maria war. Ich kniete in meinem Schlafzimmer nieder und bedankte mich für diese Hilfe. Mein Sohn hatte mich während des Gebets fotografiert. An meiner Eingangstüre gibt es täglich helle Erscheinungen in der Form eines Kreuzes. Manchmal sind das Treppenhaus und die Wohnung in ein lila Licht getaucht, manchmal gibt es Erscheinungen, bei denen es weder violettes noch lila Licht gibt. Ich nehme an, dass die Erscheinungen mit violettem oder lila Licht Heilige sind. Wenn es nur leicht violettes Licht gibt, so nehme ich an, dass es Engel sind. Wenn es kein violettes Licht gibt, nehme ich an, dass es Menschen im Herrlichkeitsleib sind. Ein Beweis dafür ist die Erscheinung von Friedrich Adolph Jekelius und Maria von Sternenheim im Herrlichkeitsleib. Die

Erscheinung Mariens war etwas außergewöhnlich Besonderes, sie ist halt eben die Himmelskönigin der Engel. Im Haus schützen mich diese Engel vor den satanischen Angriffen der okkulten Sekte. Diese Erscheinungen hat Gott nicht nur für mich alleine bestimmt. Ich konnte sie fotografieren und in diesem Buch allen Menschen weitergeben.

Jesus hat uns das Gebet gelehrt: »Vater unser, der Du bist im Himmel …« Jesus meint mit »Himmel« nicht das, was wir unter diesem Wort »Himmel« verstehen. Jesus bezeichnet mit Himmel die heilige Welt im geistigen Leib. Im Himmel, also in der heiligen geistigen Welt, lebt der Dreieinige Gott mit den heiligen Engeln, die immer bei ihm waren, und den Menschen im geistigen Leib, die einmal auf der Erde im Fleisch gelebt haben. Gott ist der allmächtige Herrscher, sowohl über die geistige himmlische Welt als auch über die irdische Welt, in der alles aus Materie besteht. Im Gebet lehrt uns Jesus, dass Gottes Wille geschieht im Himmel und auf Erden. Die geistige Welt ist nicht über den Wolken, irgendwo im All, sondern mitten unter uns Menschen. Sie nehmen Anteil an unserem Leben auf der Erde und schützen und leiten uns in Gefahren, die wir nicht erkennen können. Wenn unser Schutzengel mit einer gefährlichen Situation überfordert ist, dann kommt sofort ein höherer Engel zu Hilfe. Ich habe jetzt im November 2010 so eine Situation erlebt.

Es war Anfang November, als ich mit meinem Hund auf einem Feldweg ging, der an einer befahrenen Landstraße endet. Ich gehe diesen Weg öfters. Wenn ich am Ende des Weges angekommen bin, kehre ich um und gehe nach Hause. Als ich etwa 100 Meter vom Ende des Weges entfernt war, bekam ich den Befehl in meine Gedanken: »Kehr um und beschleunige deine Schritte, ich rette dich.« Ohne über diesen merkwürdigen Befehl nachzudenken, kehrte ich um. Ich lief so schnell und wunderte mich, dass ich gar keine Ermüdung fühlte. Nach kurzer Zeit spürte ich, dass ein Menschenblick auf mich gerichtet war, und drehte mich um. Hinter mir kam mit großen, schnellen Schritten eine Frau, bekleidet mit einem roten Anorak. Ich habe diese Frau öfters gesehen, wenn sie zur Familie K. kommt, und zwar immer zu Fuß. Hieraus schließe ich, dass sie auch in S. wohnt und ein Mitglied der satanischen okkulten Sekte ist.

Dieser Weg, auf dem ich lief, endete an einem anderen Weg. Ich wollte nach links abbiegen und nach Hause gehen, bekam aber den Befehl, nach rechts abzubiegen. Als ich etwa 250 Meter auf diesem Weg gelaufen war, bekam ich den Befehl, die steile Böschung hinunterzugehen und danach auf dem Pfad, der zwei Felder voneinander trennte, bis zum Weg zu gehen, der an einem Bachlauf entlangführt.

Als ich auf dem Weg am Bach angekommen war, sah ich, dass die Frau im roten Anorak die steile Böschung herunterkam. Es war mir klar, dass diese Frau mich verfolgte, denn kein Spaziergänger würde sich durch dieses Gestrüpp hindurchkämpfen, welches an der Böschung war. Am Bach angekommen, bekam ich den Befehl, nach links abzubiegen und nach Hause zu gehen.

Eine nette junge Frau mit einem belgischen Schäferhund kam mir entgegen. Die Hunde begrüßten sich und spielten miteinander, und die nette Frau sprach mit mir. Die Frau im roten Anorak war jetzt nahe am Bachweg und konnte sehen, dass ich mit der jungen Frau dort stand. Wegen des Maisfeldes konnte sie mich nicht schneller erblicken. Sie drehte sofort um und ging den Weg zurück. Als die junge Frau mit dem Hund weiterging, hatte ich es auch nicht mehr weit bis zu den ersten Häusern von S., und die Spannung, die ich in mir hatte, gab nach.

Ich hatte über diesen merkwürdigen Vorfall, der am Vormittag geschehen war, dann nicht mehr nachgedacht. Erst während des Abendgebetes wurde mir klar, dass ich vom heiligen Josef beschützt worden war. Ich danke ihm seit damals jeden Tag für diesen Schutz und bitte ihn täglich, dass er mich auch weiterhin beschützt. Bis zu diesem Ereignis kannte ich den heiligen Josef nur aus der Weihnachtsgeschichte. Jetzt weiß ich, dass er genauso wie die Gottesmutter Maria am Leben der Menschen auf der Erde teilnimmt. Wenn wir uns in größter Lebensgefahr befinden, helfen sie uns. Unter uns Menschen auf der Erde befindet sich auch die böse geistige Welt, also Satan mit seinen satanischen Engeln. Viele Menschen haben sich der Macht Satans unterworfen. Die Frau im roten Anorak war gewiss ein Mitglied der okkulten satanischen Sekte und sollte mir im satanischen Auftrag großen Schaden zufügen. Ich hatte diese Gefahr nicht erkannt, der heilige Josef hat mein Leben gerettet. Von der Familie K. hatte die Frau mitgeteilt bekommen, wo ich mich befand! Die Familie K. beobachtet mich ständig und hat schon öfters kompetente Mitglieder der okkulten Sekte verständigt, wenn sich eine Gelegenheit ergab, dass sie eine schreckliche unvorstellbare Tat an mir vollziehen konnten.

Die Menschen sind Gottes Geschöpfe, und was Gott geschaffen hat ist gut. Gott hat alle Menschen mit dem Wissen ausgestattet, zu erkennen, was Gut und Böse ist, und Gutes zu tun und Böses zu meiden. Bei denjenigen Menschen, die sich bewusst von Gott abgetrennt haben und dem Satan anhängen, zerstört der Satan dieses Wissen. Satan ist der mehrfache Verschmutzer der Menschheit, der sich von Gott nicht befehlen lässt.

So viele Anhänger wie in unserer Zeit hatte Satan noch nie zuvor. Die Schrecklichsten kommen aus den okkulten Sekten Europas. Sie waren einmal christliche Menschen und sind zu Satan konvertiert. Sie versuchen, mit allen Mitteln die Menschheit in der Macht Satans zu regieren. Gott wird es nicht zulassen. Wenn dieser Trend nicht gestoppt werden kann, dann wird Gott die Erde zerstören, so wie 2. Petrus 3, Vers 7–10, in der Bibel angekündigt ist. Den Zeitpunkt kennt Gott allein, aber den Zeitpunkt bestimmen die Menschen mit ihrem Verhalten. Auch die Menschen, die von Gott abgetreten sind, haben die Möglichkeit, solange sie auf Erden unterwegs sind, sich wieder Gott zuzuwenden und auf seine große Barmherzigkeit und Gnade zu hoffen. Von den Bosheiten, die sie hier auf Erden anstellen, haben sie überhaupt nichts. Sie sind sich wahrscheinlich nicht im Klaren darüber, dass sie ihre Bosheiten im ewigen Leben um ein großes Vielfaches zu spüren bekommen.

Aus dem, was ich hier aufgeschrieben habe, können die Menschen erkennen, dass es sowohl den Satan als auch den Großen Heiligen Gott gibt. Ich wünsche, dass viele Menschen die Gnade Gottes erkennen, damit sie nicht verloren gehen. Gott liebt die Menschen, und er möchte sie gerne in seinem Reich alle wiederhaben.

Erscheinung, 02.02.2010, Maria

Erscheinung, 03.02.2010, Josef

Segnung Papst Benedikt XVI.

Nach der Messe von Wigratzbad

Erscheinung, Friedrich Adolph Jekelius, Maria von Sternenheim

Erscheinung, Pfingsten 2010

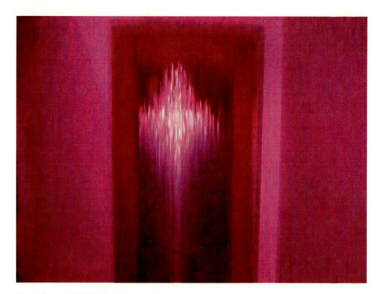

Erscheinung, Juli 2010, Maria

Dank nach der Hilfe Mariens im Juli 2010

Besuchen Sie uns im Internet:

www.karin-fischer-verlag.de
www.deutscher-lyrik-verlag.de

*Bibliografische Information
der Deutschen Nationalbibliothek*
Die Deutsche Nationalbibliothek verzeichnet
diese Publikation in der Deutschen Nationalbibliografie;
detaillierte bibliografische Daten sind im Internet über
http://dnb.d-nb.de abrufbar.

*Bibliographic information published
by the Deutsche Nationalbibliothek*
The Deutsche Nationalbibliothek lists
this publication in the Deutsche Nationalbibliografie;
detailed bibliographic data is available in the Internet at
http://dnb.d-nb.de.

Originalausgabe · 1. Auflage 2011
© 2011 Gertrud Jekelius
© 2011 für diese Ausgabe Karin Fischer Verlag GmbH
Postfach 102132 · 52021 Aachen
Alle Rechte vorbehalten

Gesamtgestaltung: yen-ka
Umschlaggestaltung unter Verwendung
eines Fotos aus dem Archiv der Autorin

Alle Fotos im Anhang aus dem Archiv von Gertrud Jekelius

Hergestellt in Deutschland

ISBN 978-3-8422-3931-9